この本について

● ディズニー映画のストーリーで英語を楽しみましょう。知っているキャラクターの名前や、物語のポイントをこの本で探してみましょう。

● この本の最後で、ストーリーのなかに出てきたアルファベット、単語、会話表現について紹介しています。絵と文章を見直しながらくりかえし読んでみましょう。

● この本では、英語の初心者の学習のためになるべくことばの数を少なくし、あえて単純な表現を使っている場合があります。

● Words は文章に出てきた単語や熟語の日本語訳です。主語が "I"(私)や"You"（あなた）以外で1人のときなどに、動詞の形が変わることがあります。

(例) I meet Anna.
　　　You meet Elsa.
　　　Elsa meets Olaf.
このような場合、 Words ではmeet(s)と表記しています。

● 学習に役立ててもらうために日本語訳はなるべく直訳で表記しています。映画のDVDやBlu-rayなどの音声や字幕とは、ことなる表現になっている場合がありますが、あらかじめご了承ください。

BIG HERO 6
ベイマックス

【監修】荒井和枝
筑波大学附属小学校教諭

"I want to come here!"

Hiro wants to study under Professor Callaghan, too.

Words ● want to ~ 〜したい ● study under~ 〜のもとで学ぶ ● come くる ● here ここ
● too 〜もまた

Hiro invents microbots.
The microbots amaze Professor Callaghan.

Words　● microbots マイクロボット　● amaze おどろかせる

Billionaire Krei wants to buy up all microbots. Professor Callaghan hates Krei.

Hiro gains admission to the university.

"You nailed it!"

Suddenly, the building catches fire.

| Words | ● billionaire 億万長者 ● Krei クレイ ● buy up~ ~を買いしめる ● all すべての ● hate(s)~ ~をとてもいやがる、にくむ ● gain(s) 得る ● admission to the university 大学への入学許可 ● You nailed it! よくやった！ ● suddenly とつぜん ● building 建物 ● catch(es) fire 火事になる |

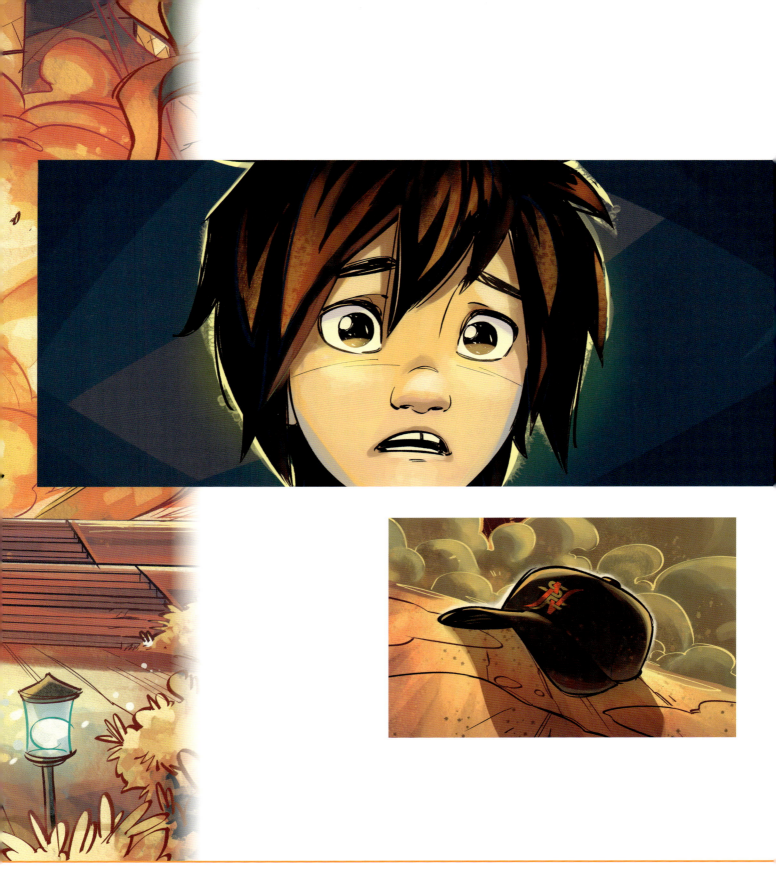

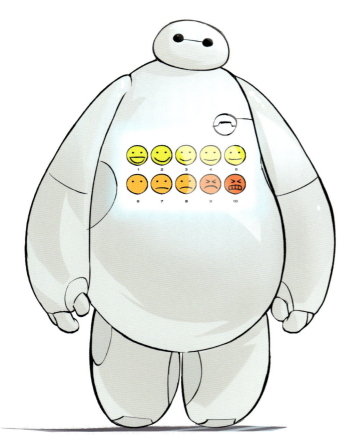

Days passed,
Hiro is still sad.

"On a scale of one to ten, how would you rate your pain?"

"Zero. ...Tadashi's dead, Baymax."

Words
- days passed 何日かすぎて
- sad 悲しい
- on a scale of one to ten 1から10の段階で
- how would you～? あなたはどうですか？
- rate みなす
- pain 痛み
- zero 0
- dead 死んだ

"It's all right to cry."

Hiro smiles at last.

Words ●It's all right to～ ～してもだいじょうぶです ●cry 泣く ●smile(s) 笑う
●at last ようやく、ついに

Suddenly, Hiro's last microbot moves.

The microbot leads them.

Words ● last 最後の ● move(s) 動く ● lead(s)〜 〜をみちびく

Then the man in the mask, YOKAI appears.

At that moment, Hiro's friends come.

They escape from the danger.

Words
- then そのとき
- the man in the mask マスクの男
- YOKAI ヨーカイ
- appear(s) あらわれる
- At that moment ちょうどそのとき
- friends 友だち
- escape from~ ~からのがれる
- danger 危険

Hiro and his friends need more upgrades.

Words
- Go Go ゴー・ゴー
- Honey ハニー
- need~ ~を必要とする
- more さらなる
- upgrades 改良

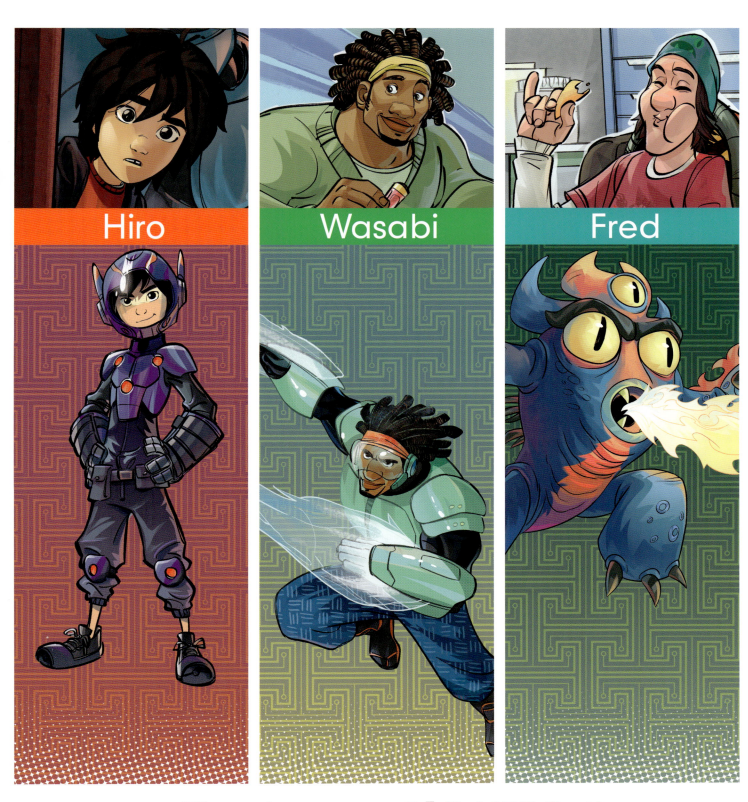

They become BIG HERO 6!

Words
- Wasabi ワサビ
- Fred フレッド
- become〜 〜になる
- BIG HERO 6 ビッグ・ヒーロー・6

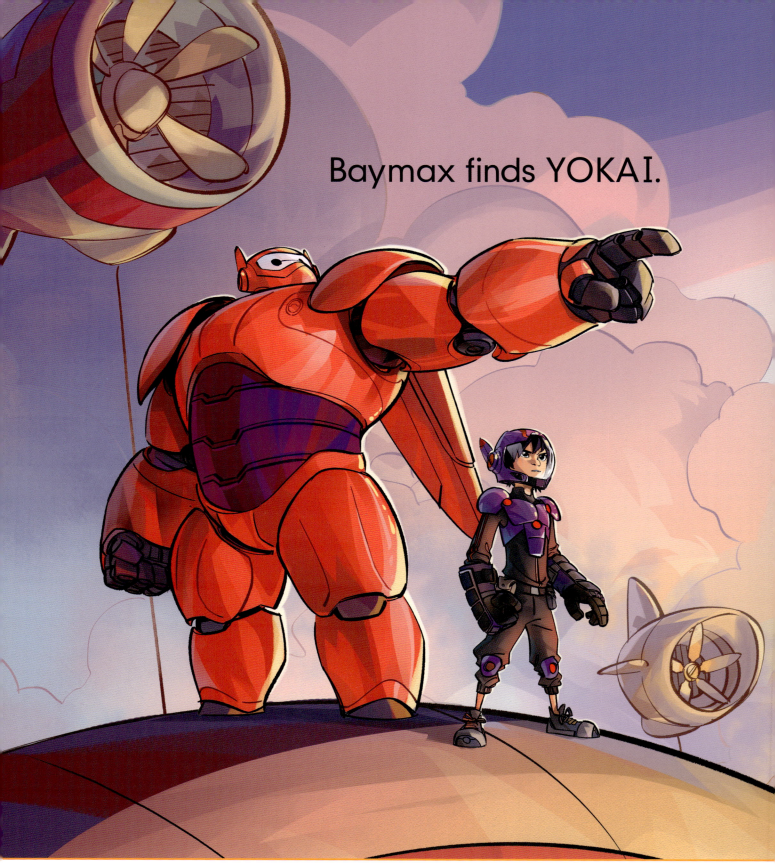

Baymax finds YOKAI.

Words ● find(s)〜　〜を見つける

Let's go, BIG HERO 6!

Words ● Let's go さあ行こう

They fight with YOKAI.

"Go for the mask!"

Words
- fight with~ ～と戦う
- go for~ ～を取りにいく

The mask falls off.

What? It's Professor Callaghan!

Words ● fall(s) off 落ちる ● What? なんだって？

Professor Callaghan hates Krei.
He lost his daughter because of Krei's mistake.

Words ● lost~ ~を失った ● daughter 娘 ● because of~ ~によって ● mistake 失敗

At last, BIG HERO 6 defeats Professor Callaghan.

Baymax finds signs of life in the portal.

Words • defeat(s)〜 〜を負かす • signs of life 生命反応 • portal 入口

Hiro and Baymax go into the portal.

"It's Callaghan's daughter. She is still alive!"

Words ● alive 生きている ● go into～ ～に入る

They find Callaghan's daughter.
But Baymax is damaged.
He can't fly.

"Please! No...I can't lose you, too."

Words ● but しかし ● is damaged きずつく ● can't〜 〜できない ● fly 飛ぶ
● please! お願いだ！

Baymax uses his rocket fist to get them back.

Words ● use(s) 使う ● rocket fist ロケットげんこつ ● get ~ back ~を送りかえす

They miss Baymax.
But Hiro finds the chip inside the rocket fist.

Words ● miss~ 〜がいなくてさびしい ● chip チップ、情報の入ったカード

日本語に訳してみよう！

ストーリーの英語を日本語に訳しています。参考にして英語学習に役だてましょう。

p.2 Tadashi and Hiro are brothers.
タダシとヒロは兄弟です。

"Hello, I am Baymax. I am your nurse bot."
「こんにちは、私はベイマックス。私はあなたの看護ロボットです」

Tadashi studies under Professor Callaghan.
タダシはキャラハン教授のもとで学んでいます。

He invents a white robot.
彼は白いロボットを発明します。

p.3 "I want to come here!"
「ぼくもここにきたい！」

Hiro wants to study under Professor Callaghan, too.
ヒロもキャラハン教授のもとで学びたいと思っています。

p.4 Hiro invents microbots.
ヒロはマイクロボットを発明します。

The microbots amaze Professor Callaghan.
マイクロボットはキャラハン教授をおどろかします。

p.5 Billionaire Krei wants to buy up all microbots.
億万長者のクレイはマイクロボットを買いしめようとします。

Professor Callaghan hates Krei.
キャラハン教授はクレイをとてもいやがります。

Hiro gains admission to the university.
ヒロは大学への入学を許可されます。

"You nailed it!"
「よくやったな！」

Suddenly, the building catches fire.
とつぜん、会場が火事になりました。

p.6 Professor Callaghan is still inside.
キャラハン教授はまだ中にいます。

Tadashi runs for the building.
タダシは建物にかけつけます。

"Tadashi, no!"
「タダシ、だめだ！」

p.8 Days passed, Hiro is still sad.
何日かすぎても、ヒロは悲しいままです。

"On a scale of one to ten, how would you rate your pain?"
「1から10の段階であらわすと、痛みはいくつとみなしますか？」

"Zero. ...Tadashi's dead, Baymax."
「0だよ。……タダシは死んだんだ、ベイマックス」

p.9 "It's all right to cry."
「泣いてもだいじょうぶですよ」

Hiro smiles at last.
ヒロはようやく笑います。

p.10 Suddenly, Hiro's last microbot moves.
とつぜん、残っていた最後のマイクロボットが動きます。

The microbot leads them.
マイクロボットはヒロとベイマックスをみちびきます。

p.11 Then the man in the mask, YOKAI appears.
そのとき、マスクの男、ヨーカイがあらわれたのです。

At that moment, Hiro's friends come.
ちょうどそのとき、ヒロの友だちがやってきます。

They escape from the danger.
彼らは危険からのがれます。

p.12 Hiro and his friends need more upgrades.
ヒロたちにはさらなる改良が必要です。

p.13 They become BIG HERO 6!
彼らはビッグ・ヒーロー・6になります。

p.14 Baymax finds YOKAI.
ベイマックスはヨーカイを見つけます。

p.15 Let's go, BIG HERO 6!
さあ行こう、ビッグ・ヒーロー・6！

p.16 They fight with YOKAI.
彼らはヨーカイと戦います。

"Go for the mask!"
「マスクを取りにいくんだ！」

p.17 The mask falls off.
マスクが落ちました。

What? It's Professor Callaghan!
なんだって？ ヨーカイはキャラハン教授だったのです！

p.18 Professor Callaghan hates Krei.
キャラハン教授はクレイをにくんでいます。

He lost his daughter because of Krei's mistake.
クレイの失敗によって娘を失ったからです。

p.20 At last, BIG HERO 6 defeats Professor Callaghan.
ついに、ビッグ・ヒーロー・6はキャラハン教授を負かします。

Baymax finds signs of life in the portal.
ベイマックスは入口の中に生命反応を見つけます。

p.21 Hiro and Baymax go into the portal.
ヒロとベイマックスは入口の中へと入ります。

"It's Callaghan's daughter. She is still alive!"
「キャラハンの娘だ。彼女はまだ生きている！」

p.22 They find Callaghan's daughter.
彼らはキャラハンの娘を見つけます。

But Baymax is damaged.
しかし、ベイマックスはきずついています。

He can't fly.
ベイマックスは飛べません。

"Please! No...I can't lose you, too."
「お願いだ！ いやだよ……君まで失うことはできない」

p.23 "Hiro, I will always be with you."
「ヒロ、私はいつもあなたとともにいます」

p.24 Baymax uses his rocket fist to get them back.
ベイマックスは彼らを送りかえすためにロケットげんこつを使います。

p.25 They miss Baymax.
彼らはベイマックスがいなくてさびしいです。

But Hiro finds the chip inside the rocket fist.
しかし、ヒロはベイマックスの手の中にチップを見つけます。

p.26 Hiro uses the chip to remake Baymax.
ヒロはチップを使ってベイマックスをつくりなおします。

BIG HERO 6 is back, and forever!
ビッグ・ヒーロー・6はもとにもどり、そして永遠です！

アルファベットに親しもう！

アルファベットには大文字と小文字があります。AからZまで順番に見くらべてみましょう。

大文字

A B C D E F G H I J K L M

小文字

a b c d e f g h i j k l m

アルファベットで楽しもう！　アルファベット迷路　こたえは33ページにあるよ

H・E・R・Oの文字が、それぞれいくつあるか数えてみましょう！

H	A	Y	N	E	W
Q	C	B	M	Y	Z
O	F	R	P	I	O
J	S	D	K	H	L
S	T	O	X	U	G
E	A	L	O	V	E
A	R	C	S	W	Z

 大文字と小文字でかたちが違うものがあるんだ。

 英語で名前を書くときは、いつも大文字で書き始めるぞ！

N O P Q R S T U V W X Y Z

n o p q r s t u v w x y z

アルファベットを探してみよう！
こたえは33ページにあるよ

下のアルファベットとイラストはどのページに出てきたかな？

Fre**d**

GO **G**O

Hiro

Tadashi

Wasabi

Bayma**x**

英語のことばをおぼえよう！

英語にもいろいろなことを表現することばがあります。どんなことばがあるか見てみましょう。

数をあらわすことば

1 one	2 two	3 three	4 four	5 five	6 six
7 seven	8 eight	9 nine	10 ten	11 eleven	12 twelve
13 thirteen	14 fourteen	15 fifteen	16 sixteen		
17 seventeen	18 eighteen	19 nineteen	20 twenty		

使ってみよう

数をたずねるときは"How many …?"という文を使います。
数をあらわすことばといっしょにおぼえましょう。

"How many people?"
「何人いますか？」

"Five."
「5人です。」

"How many women?"
「女性は何人いますか？」

"Two."
「ふたりです」

色をあらわすことば

black 黒色	white 白色	pink ピンク色
red 赤色	blue 青色	yellow 黄色
purple 紫色	green 緑色	orange オレンジ色
brown 茶色	gold 金色	silver 銀色

使ってみよう 好きな色を質問するときは、"What color do you like?" といいます。

"What color do you like?"
「何色が好きですか？」

"I like red."
「赤色が好きです。」

"What color do you like?"
「何色が好きですか？」

"I like blue and yellow."
「青色と黄色が好きです。」

英語で言ってみよう！

映画のセリフを使って英語で話してみましょう。

ほめてみよう！

"You nailed it!"
「よくやったな！」

"You nailed it!" は「やったね」「すごいよ」という意味です。相手が何かをやりとげたあとに "You nailed it!" とほめましょう。自分に向けて "I nailed it!" と言うと「やった！」という意味になります。

"You nailed it! Your speech was really good."
「やったね。あなたのスピーチ、ほんとうによかったよ。」

かまわないと伝えよう！

"It's all right to cry."
「泣いてもだいじょうぶですよ」

"It's all right to …" と言うことで、「…してもいい」「…してもだいじょうぶ」と伝えることができます。

"It's all right to take a picture here."
「ここで写真をとってもいいですよ」

"It's all right to drink this."
「これは、飲んでもだいじょうぶです」

28ページのこたえ

H	A	Y	N	E	W
Q	C	B	M	Y	Z
O	F	R	P	I	O
J	S	D	K	H	L
S	T	O	X	U	G
E	A	L	O	V	E
A	R	C	S	W	Z

H……2つ　E……3つ　R……2つ　O……4つ

29ページのこたえ

Fred……………13ページ
Go Go…………12ページ
Hiro……………26ページ
Tadashi…………2ページ
Wasabi…………13ページ
Baymax…………14ページ

英語で楽しもう　ディズニーストーリー③
BIG HERO 6 ベイマックス

発　行　2018年4月　第1刷
監　修　荒井和枝

発行者　長谷川 均
編　集　大野里紗　崎山貴弘
発行所　株式会社 ポプラ社
　　　　〒160-8565　東京都新宿区大京町22-1
　　　　電話　（営業）03-3357-2212　（編集）03-3357-2635
　　　　振替　00140-3-149271
　　　　ホームページ　www.poplar.co.jp
印刷・製本　図書印刷株式会社

©2018 Disney Enterprises,Inc.
Printed in Japan
ISBN978-4-591-15749-7　N.D.C.837　32p　27cm

●落丁本・乱丁本は送料小社負担にてお取り替えいたします。小社製作部宛にご連絡下さい。
　電話0120-666-553　受付時間は月～金曜日、9:00～17:00（祝日・休日は除く）
●読者の皆様からのお便りをお待ちしております。
　いただいたお便りは、編集部から編集協力者にお渡しいたします。
●本書のコピー、スキャン、デジタル化等の無断複製は著作権法上での例外を除き禁じられています。
　本書を代行業者等の第三者に依頼してスキャンやデジタル化することは、
　たとえ個人や家庭内での利用であっても著作権法上認められておりません。

監修　荒井和枝（あらい かずえ）
筑波大学卒。仙台市内公立中学校を経て、筑波大学附属中学校非常勤講師、平成21年より筑波大学附属小学校に勤務。小学校教育英語学会所属。

●装丁・デザイン
株式会社ダイアートプランニング　大場由紀
●編集協力
フューチャーインスティテュート株式会社　為田裕行

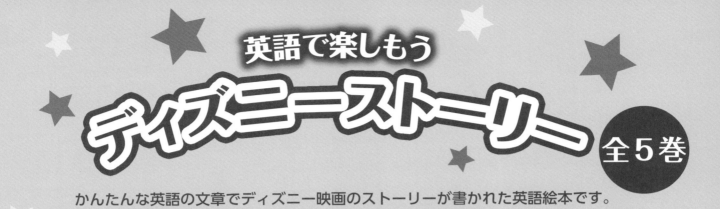

英語で楽しもう
ディズニーストーリー 全5巻

かんたんな英語の文章でディズニー映画のストーリーが書かれた英語絵本です。

小学校中学年～中学生向き N.D.C.837 　AB判・各32ページ

① **FROZEN**　アナと雪の女王

② **WRECK-IT RALPH**　シュガー・ラッシュ

③ **BIG HERO 6**　ベイマックス

④ **ZOOTOPIA**　ズートピア

⑤ **MOANA**　モアナと伝説の海

【監修】荒井和枝
筑波大学附属小学校教諭

★ポプラ社はチャイルドラインを応援しています★

こまったとき、なやんでいるとき、
18さいまでの子どもがかけるでんわ
チャイルドライン®
0120-99-7777
ごご4時〜ごご9時　＊日曜日はお休みです
電話代はかかりません　携帯・PHS OK